LES STATUES

DU

GÉNÉRAL HOCHE

Communication faite à la Société des Sciences morales

PAR

M. Victor BART

VERSAILLES
IMPRIMERIE ET STÉRÉOTYPIE CERF ET FILS
59, RUE DUPLESSIS.

1880

LES STATUES

DU

GÉNÉRAL HOCHE

Dans l'une des galeries de sculpture du musée de Versailles il existe une statue du général Hoche : elle est en marbre blanc et ornée de quatre bas-reliefs. Le général est représenté presque nu, assis, armé d'un glaive, et coiffé d'un casque à l'antique. Le siége aussi à l'antique, sur lequel la statue est assise, est, comme la statue elle-même, d'une beauté et d'une simplicité remarquables. Le dossier, que soutiennent des griffes de lion, présente trois figures allégoriques : au milieu une Renommée, ayant la trompette dans la main droite, tient de la main gauche un cimeterre ; les deux autres figures symbolisent le Rhin et la Moselle.

Cette œuvre du sculpteur *Milhomme*, exécutée à Rome en 1808, avec ses quatre bas-reliefs s'appliquant à des batailles dans lesquelles le général a triomphé à la tête des armées françaises, était destinée au *Temple de la gloire*, qui ne fut jamais inauguré. Elle resta volontairement oubliée dans les dépôts de l'Etat jusqu'à la Révolution de Juillet.

Après 1830, le roi Louis-Philippe concéda la statue de Milhomme « pour la décoration de l'une des places » publiques de la ville de Versailles. »

Mais comme cette statue et les bas-reliefs s'y rattachant avaient été inscrits dans les catalogues des objets faisant partie du domaine de la couronne, la concession faite à la Ville fut limitée à un simple droit de jouissance.

On était alors en 1832. La municipalité décida l'établissement d'un piédestal provisoire à construire au milieu de la place Dauphine qui, à cette occasion, prendrait le nom de place Hoche. La date du dimanche 29 juillet fut fixée pour l'inauguration du monument. Mais la célébration du deuxième anniversaire des journées de juillet nécessitant le départ pour Paris des troupes de la garnison de Versailles, la cérémonie officielle fut remise au dimanche suivant.

Cette cérémonie s'accomplit donc le 5 août 1832, en présence de la veuve, des deux petits-fils et du gendre du général Hoche ; M. Aubernon étant Préfet de Seine-et-Oise, et M. Haussmann, maire de Versailles.

Le piédestal, provisoirement établi, avait la forme allongée que commandait la position assise du général ; les deux grands côtés et les deux bouts étaient en bois peint, (on va comprendre, tout à l'heure, pourquoi ce détail en apparence inutile, doit être rapporté.)

Pour ce piédestal la veuve du général Hoche avait envoyé une inscription complète, rédigée, sur sa demande, par M. Villemain, alors secrétaire perpétuel de l'Académie française.

Voici ce que disait la lettre d'envoi. (Cet autographe de Madame la générale Hoche est conservé aux archives municipales).

1ʳᵉ LETTRE DE LA VEUVE DU GÉNÉRAL HOCHE A M. LE MAIRE HAUSSMANN.

« Paris, 25 juillet 1832.

» J'ai reçu, Monsieur le maire, la lettre que vous
» m'avez fait l'honneur de m'écrire pour me prévenir
» du jour fixé définitivement pour l'inauguration de la
» statue du général Hoche. Vous ne devez pas douter
» de l'empressement que je mettrai, ainsi que mes
» enfants, à répondre à une invitation aussi flatteuse
» pour nous.

» Le retard apporté à la cérémonie ne peut que don-
» ner plus de temps pour les dispositions nécessaires.
» J'avais remis à M. Durand (1) une note incomplète
» pour une inscription qui me semblait pouvoir être
» placée sur le monument ; mais d'après le conseil de
» quelques-uns de mes amis, *j'ai demandé à M. Vil-*
» *lemain* de vouloir bien la rédiger, et c'est celle, Mon-
» sieur, que je vous envoie et que je soumets à votre
» approbation. »

Le texte exact de cette inscription a été retrouvé par moi dans les archives de la Ville. Il n'y existe qu'en copie ; mais cette copie est de la main de Madame la générale Hoche elle-même qui tenait à conserver l'original autographe de Villemain, publié plus tard par Ch mprobert.

Copie textuelle de l'inscription de Villemain, envoyée par la veuve du général Hoche (2).

---

(1) M. Durand, auteur d'un écrit intitulé : *Le général Hoche souvenirs et correspondance.*
(2) *Archives municipales.*

Louis-Lazare HOCHE,
Né le 24 juin 1768,
A Versailles.
Soldat à seize ans,
Mort général en chef de l'armée
De Sambre et Meuse,
Au camp de Wetzlar,
Le 2ᵉ jour complémentaire de l'an V
De la République,
A vingt-neuf ans.

L'un des fondateurs de notre Liberté,
Il vainquit l'étranger et pacifia son Pays.
Elevé au-dessus de toutes les factions
Par son génie et son humanité ;
Héros citoyen,
Son nom est pur autant qu'immortel.

Weissembourg, Quiberon, le Passage du Rhin,
Neuwied, Altenkirken,
La route de Vienne et la côte d'Irlande,
Diront à la postérité la plus reculée
Ses vertus guerrières (1) et ses grands desseins;
Mort trop tôt pour la France,
S'il eût vécu, sa gloire toujours croissante,
N'eût jamais rien coûté à la liberté de sa Patrie.

La Commission municipale, chargée de l'exécution du vote relatif à l'érection de la statue, tout en se refusant à adopter ce texte dans son entier, voulut y ajouter quatre vers passablement emphatiques de Marie-Joseph Chenier, qui étaient ainsi conçus :

(1) Champrobert qui a publié en 1840 une notice historique sur Lazare Hoche, a mis ici par erreur : « Sa vertu guerrière » au lieu de « ses vertus guerrières ».

« *Aspirez* à ses destinées
» *Guerriers* défenseurs de nos droits,
» Tous ses *jours* furent des *années*,
» Tous ses *faits* furent des *exploits.* »

Les archives de la municipalité de Versailles possèdent deux autres lettres autographes inédites de la veuve du général Hoche qui proteste contre l'admission des vers de Chenier et contre la mutilation du texte de Villemain.

Voici l'une de ces lettres : elle est datée du 28 juillet 1832.

2ᵉ LETTRE DE MADAME LA GÉNÉRALE HOCHE.

« M. Des Roys, mon gendre, Monsieur le maire, à son
» retour de Versailles, m'a remis l'inscription qu'on se
» propose de placer sur le monument du général Hoche.
» Je ne puis rester sans vous exprimer *mon regret*
» *qu'on ne se soit pas déterminé à mettre entière-*
» *ment celle qui a été faite par M. Villemain.* Assu-
» rément les vers de Chénier ont du mérite et sont
» honorables ; mais je pense que l'inscription d'un pa-
» reil monument doit avoir *la sévérité du style de*
» *l'histoire.* La gloire du général Hoche avait *un ca-*
» *ractère particulier qui ne se trouve chez aucun*
» *autre,* et il semble que l'inscription telle que je l'a-
» vais envoyée *avait surtout le mérite de tracer en*
» *peu de mots et de rendre parfaitement tout ce*
» *que le général Hoche avait fait pour son pays.*
» Je ne sais, Monsieur le Maire, si en insistant auprès
» du Conseil municipal, je pourrais obtenir qu'il veuille
» bien remplacer les vers (1) par une partie de l'ins-

---

(1) Toujours ceux de Chénier.

» cription, si l'espace ne permet pas de la mettre en-
» tièrement. Faudra-t-il que j'éprouve un sentiment de
» regret quand j'ai si grand sujet d'être touchée de ce
» que la ville de Versailles et ses autorités font en ce
» moment pour un de leurs concitoyens dont toutes les
» actions n'ont eu d'autre mobile que le bonheur de sa
» patrie. »

Bien que cette lettre ait été évidemment inspirée par Villemain lui-même, la commission d'exécution est restée intraitable relativement aux vers de Chénier. Elle les a maintenus et les a fait inscrire sur le devant du socle de la statue. Elle n'a cédé que sur le rétablissement partiel du texte de l'inscription de Villemain, après l'envoi d'une troisième lettre datée du 30 juillet, et par laquelle la veuve du général Hoche signale nettement les passages que l'on avait le projet de supprimer.

3° LETTRE DE MADAME LA GÉNÉRALE HOCHE.

« Paris, le 30 juillet 1832.

» Je pense, Monsieur le Maire, que vous aurez en-
» core des séances avec Messieurs du Conseil munici-
» pal. Je crois devoir insister auprès de vous, pour lui
» demander de *rétablir* sur le monument une majeure
» partie de *l'inscription de M. Villemain.* J'y tiens
» d'autant plus que je trouve que *rien ne dépeint*
» *mieux le caractère du général Hoche,* Beaucoup
» de héros peuvent mériter les vers honorables de
» Chénier, *mais on peut dire du général Hoche* SEUL
» *qu'il fut élevé au-dessus de toutes les factions par*
» *son génie et son humanité; héros citoyen, son*
» *nom est pur autant qu'immortel,* etc.

» *Mort trop tôt pour la France, s'il eût vécu sa
» gloire toujours croissante n'eût jamais rien
» coûté à la liberté de sa patrie.*

» Je ne puis voir effacer ces passages sans un véri-
» table regret, puisqu'ils rappellent d'une manière si
» distinctive les titres du général Hoche au monument
» que lui élève la ville de Versailles.

» Si je me permets, Monsieur le Maire, d'insister près
» de vous, c'est que *je sens toute l'importance de
» cette inscription.* Veuillez donc me prêter le secours
» de votre appui auprès de Messieurs du Conseil muni-
» cipal, et soyez bien persuadé de toute l'obligation que
» je vous en aurai. »

Cette insistance amène enfin le rétablissement presque total de ce que la commission avait eu le projet de
supprimer; mais on s'arrête définitivement à une modification fort injurieuse pour la mémoire de Hoche.

Au lieu de la nette affirmation de Villemain : « S'il
» eût vécu sa gloire toujours croissante n'eût jamais
» rien coûté à la liberté de sa patrie, » on inscrit en
lettres peintes sur le piédestal heureusement provisoire cette formule de doute, qui ressemblait à une
sorte d'épigramme : « S'il eût vécu sa gloire *promettait*
» de ne rien coûter à la liberté de son pays. »

Pourquoi, lorsque l'inscription portait déjà : « Il pacifia *son pays* », s'est-on servi une seconde fois des
mêmes mots, au lieu de conserver ceux employés par
Villemain, qui avait écrit ici : « Sa patrie » ; mais surtout pourquoi a-t-on voulu mettre en doute la droiture,
la loyauté et le patriotisme si éclatants du général
Hoche, pour infliger à sa mémoire le blâme que conte-
nait la plus regrettable des deux modifications imposées
par les commissaires chargés de s'occuper de l'érection
du monument ?

M. le Préfet de Seine-et-Oise en terminant son discours à l'éloge de Hoche, le jour de l'inauguration de la statue, protestait déjà, lui aussi, contre la dernière modification opérée. Il s'exprimait en ces termes à la cérémonie de 1832, en présence de la population et des troupes de la garnison de Versailles :

« Citoyens et soldats,

» C'est la Patrie elle-même qui vient aujourd'hui
» honorer la mémoire du général qui l'a tant aimée,
» qui lui a été ravi si jeune et *dont la gloire se serait*
» *toujours accrue sans rien coûter à la liberté* (1) ».

Le piédestal provisoire de 1832 portait une dernière inscription ainsi libellée :

Ce monument
Accordé par Louis Philippe Ier,
Roi des Français,
A été érigé au général Hoche,
Par les vœux et aux frais de ses concitoyens et inauguré le 5 août 1832,
En présence de sa veuve, de ses enfants, et des autorités civiles et militaires.

On ne pouvait s'en tenir trop longtemps au monument provisoire. Dès le 13 août 1833 la veuve du général Hoche demandait à la ville l'établissement d'un piédestal définitif en marbre blanc, comme la statue elle-même.

Paraissant entrer dans ces vues le Conseil municipal arrêtait quatre jours après qu'un concours public serait

---

(1) Discours de M. Aubernon du 5 août 1832; Versailles, Vitry, imprimeur de la préfecture.

ouvert. Les projets à présenter à ce concours devaient comprendre le placement de deux des bas-reliefs seulement. On n'hésita pas à décider, — ce qui est à peine croyable, — que les deux autres bas-reliefs seraient placés dans le vestibule de la mairie !

A la suite de ce concours un revirement complet se produit. Le prix promis est cependant décerné; mais le 17 mars 1834, par une nouvelle délibération on arrête que le projet de piédestal définitif sera abandonné, « ce » projet et la statue assise, ne pouvant — dit le regis- » tre du Conseil, — faire espérer d'obtenir un monu- » ment satisfaisant. »

La délibération continue, et l'on décide que la « sta- » tue assise et *vêtue* à l'antique sera remplacée par » une statue debout avec le costume historique. »

Le sculpteur *Le Maire*, auteur du fronton de la Madeleine, est chargé de faire une nouvelle statue. Un délai de deux ans lui est accordé pour mener à bien l'œuvre que l'on vient de lui confier.

Deux ans après, le dimanche 7 août 1836, eut lieu l'érection de la statue actuelle coulée par le fondeur Gonon qui se servit du bronze de canons provenant de la prise d'Alger (1). On laissa intacts trois des côtés du nouveau piédestal en marbre blanc ; le quatrième côté faisant face à la place d'Armes fut seul revêtu d'une inscription gravée en lettres dorées. Cette inscription, encore aujourd'hui conservée, diffère sur quelques points du commencement de celle de Villemain. Elle est réduite aux sept lignes suivantes :

---

(1) Poids du bronze employé : 3,330 kilog. ;
Composition du métal : 91,20 parties de cuivre et 8,80 parties d'étain.

HOCHE
né à Versailles,
le 24 juin 1768.
Soldat à 16 ans.
Général en chef à 25 ans.
Mort à 29 ans.
Pacificateur de la Vendée.

Cette dernière ligne, qui ne pouvait exister dans le texte de Villemain tel qu'il était conçu, aurait dû être supprimée le jour du rétablissement de ce texte ; mais il aurait fallu remplacer la plaque de marbre tout entière et il restait trop peu de jours pour faire ce travail.

La cérémonie du rétablissement officiel de l'inscription de Villemain s'est accomplie solennellement le 24 juin 1880. Cette date, devenue historique, sera inscrite sur la quatrième face du piédestal de la statue du général Hoche.

VERSAILLES. — IMPRIMERIE CERF ET FILS, 59, RUE DUPLESSIS.

www.ingramcontent.com/pod-product-compliance
Lightning Source LLC
Chambersburg PA
CBHW061623040426
42450CB00010B/2635